El Viento Tiene Miedo

El Viento Tiene Miedo

Erasmo Badillo

Para ordenar copias adicionales de este libro, contactar:
Palibrio
1-877-407-5847
www.Palibrio.com
ordenes@palibrio.com
346243

Dedicatoria

Esta historia está dedicada con todo el amor y respeto del mundo a la memoria de mis abuelitos, el Sr. Teodoro Herrera Guzman, y a la Sra. Teresa Rosas, de la misma manera, y creyendo firmemente que todos están gozando de una paz infinita en el cielo, se la dedico también a la memoria de mi Sra. Madre Raymunda Herrera de Badillo, y a mi Hermano Teodoro Badillo Herrera. Quiero hacer mención y agradecer infinitamente la valiosa participación de la Sra. Maria Morales de Arias, y de su hijo el joven Jose Alejandro Arias quienes participaron como co-escritores en esta historia. De igual forma se le agradece a la Sra. Dalia Sagaste su valiosísima cooperación en la redaccion de la misma.

Sra. Maria Morales de Arias
Joven Jose Alejandro Arias
Sra. Dalia Sagaste

Gracias

Corría el año 1983, en la ciudad de Orizaba, Veracruz. Todo parecía transcurrir con normalidad. Mis hermanos, Jonathan, Ernesto, y yo, cursábamos la secundaria, mientras que el más pequeño de nosotros, Ángelo, junto con mi primo Armando cursaban la primaria. Mi padre era en ese entonces empleado de confianza de la Pepsi-Cola, y mi madre se dedicaba a las labores del hogar. Mi tío Armando, padre de mi primo, era empleado de la Moctezuma, y mi tía Rosario, quien era hermana de mi madre, también se dedicaba a las labores del hogar.

Tengo en mente el recuerdo de aquella casona donde vivíamos, la cual en realidad eran dos, separadas por un taller y un patio pequeño. Mis abuelitos, quienes vivían en una de las casa, trataban de llevar una vida tranquila, mi abuelo dedicado a la administración de sus talleres de embobinado de motores, y mi abuelita al cuidado de su casa. Recuerdo los fines de semana cuando se reunía toda la familia. Los 6 hijos de mis abuelitos maternos con sus esposas y esposos, y todos los primos. Como se pueden dar cuenta la familia era bastante grande.

La Mayor, mi tía Carmela y su esposo Alberto vivían en Córdoba con sus tres hijos, Julissa, Elena y Alberto; Mi tío José con su esposa Carmen, sus dos hijos Federico y Yumira, que vivan en contra esquina de aquella casa; Mi tío Fernando, que era el único hijo que les quedaba soltero, se quedo a vivir con ellos y ayudaba a mi abuelo con la administración del negocio; Mi tía Rosario, su esposo Armando y sus dos hijos Armando y Patty: Mi tío Ernesto con su esposa Alma y sus tres hijos, Rafael y las gemelas Valeria y Abril vivan en Nogales; Y nosotros, mi madre Ángela con mi padre Edson, mis hermanos y yo, Luis Miguel.

Cualquier persona que caminara por la banqueta de esa enorme casa en un fin de semana, juraría que todo era normal, que era una familia con los problemas y alegrías que cualquier familia pudiera tener. Se escuchaban risas, platicas, música, en fin, parecía que todo era felicidad en aquella casa, y que lo único que les preparaba el futuro era mas y mas prosperidad, pero la realidad era otra. Una realidad que pocos van a creer cuando la escuchen.

Mi tía Rosario y mi tío Armando vivan en la ciudad Infonavit, y es aquí precisamente donde comenzó todo.

Teníamos la bonita costumbre de pedirle a mi tío Armando que mi primo Armando se le permitiera quedarse a dormir con nosotros todos los fines de semana, después de la acostumbrada reunión familiar y al terminar la cena de cada sábado. Todo cambiaria ese fin de semana dándole un cambio a nuestras vidas, dejando unas cicatrices en el alma que jamás se borraron, dejando a su paso temor, e incertidumbre en toda la familia.

Esa noche, mientras que los adultos disfrutaban de su cena en el comedor principal, nosotros los primos terminábamos de comer y nos disponíamos a lavar nuestros trastes, y mientras lo hacíamos observábamos que los rostros de los adultos no eran los acostumbrados. Otras veces reinaban las carcajadas y platicaban haciendo planes a futuro de cualquier cosa, ya fuera de trabajo, viaje o alguna fiesta que se aproximara. Ahora no era así. Eran rostros de incertidumbre, de adultos incrédulos y también me atrevería a decir que eran rostros de temor. Una vez terminada la cena se levantaron todos de la mesa, mirándose los unos a los otros, escuchando a mi a abuelito con mucha atención. Sobre que? Poco después lo descubriríamos.

Mis abuelitos por su parte se dirigieron a su recamara para descansar, mientras mis tíos y mis padres se sentaron en la sala para seguir discutiendo algo que nos tenia intrigados cada vez mas a mis hermanos y a mi. Cuando tratamos de acercarnos para oír la platica, mi madre inmediatamente nos indico que ya era hora de dormir, y caminamos el corredor que unía las dos casas hasta llegar a la recamara, preparamos las dos literas y nos acostamos, tratamos de dormir pero teníamos esa intriga. Que cosa era aquello que tenia tan intrigada a toda la familia que no nos permitían escuchar? Pero no contaron con que mi primo no solo estaba enterado, si no que era víctima directa de algo que jamás imaginamos podría ocurrir. No recuerdo exactamente como iniciamos la plática pero al cabo de unos minutos mi primo ya nos tenia temblando de miedo.

Tengo que comentar que entre mis tíos, Rosario y Armando, la relación de matrimonio no era buena, cada día iba empeorando más. Habían pleitos, discusiones y golpes. En unos de esos días en que habían tenido un pleito muy fuerte, mi primo nos comentó que venían sucediendo una serie de acontecimientos muy extraños en la casa de Infonavit. A la hora de irse a dormir, una vez en su recamara, mi primo comenzó a ver una figura a través de la ventana, era una figura muy extraña, algo así como el rostro de un indio o un apache. Al mismo tiempo comenzó el aulladero de perros, pero en especial el perro de la casa de adjunto. Yo lo recuerdo bien porque ese día le habíamos pedido permiso a nuestros padres de quedarnos a dormir en la casa de mi primo. El perro era un gran danés de color blanco y negro.

Mientras golpeaban la ventana de su cuarto, se escuchaban gemidos en el primer piso, en la cocina, en la sala, de los cuales yo me percate una de las noches que pase con ellos, también me acuerdo que el aullido lastimero del perro del vecino me ponía la piel de gallina, era aterrador, en una ocasión no resistí la tentación y me asome por la ventana para averiguar aquello que inquietaba tanto a ese animal. Cual seria esa sorpresa que al asomarme discretamente el perro no quitaba la mirada precisamente de la ventana del cuarto de mi primo.

Así transcurrieron algunas semanas, la familia seguía reuniéndose en la casa de los abuelos y platicaban sacando conclusiones y atando cabos, llegaron a tomar una decisión, de que lo mejor sería abandonar esa casa, y yo siento que fue eso lo que realmente desato aquella furia. Recuerdo que mi abuelita Ángela le pidió a mis papas que alguno de sus hijos mayores acompañáramos a mi tío Fernando, cosa que nos extraño muchísimo pero así lo hicimos. Nos turnábamos una noche Jonathan, otra Ernesto y otra yo. Así transcurrieron varias semanas hasta que comenzó a correr un fuerte rumor entre nosotros los trabajadores, y digo nosotros porque después de terminar las clases de la secundaria, por las tardes yo trabaja en uno de los talleres de mi abuelito.

Aquel rumor era un tanto extraño, yo no lograba entender con claridad lo que estaba ocurriendo, hasta que al fin uno de los trabajadores muy amigo mío comenzó a relatarme paso a paso lo que ocurría. Resulta que había una persona muy "amigo" que visitaba muy a menudo a mi tío Fernando, le llamaba el pollero. Sus visitas se hicieron mas constantes, hasta que no faltó quien los descubriera. Los señores se reunían por las noches a practicar un juego con una tabla, la famosa tabla guija, y al cabo de un tiempo, según los rumores del taller, fue cuando le empezaron a ocurrir esas cosas extrañas a mi tío. De allí el porqué teníamos que acompañar a mi tío por las noches. Hubo dos incidentes que hicieron a mi tío contarles mas abiertamente al grupo de trabajadores, uno de ellos fue que apunto de dormirse sintió que le dieron un par de fuertes cachetadas, y el segundo alguien o algo le colocó la almohada sobre el rostro tratando de asfixiarlo. Por eso mi amigo me aconsejo no regresar a dormir a la casa de mi tío. A partir de ese día tome la decisión de no regresar, lo platique con mis padres y obviamente me dieron la razón y jamás permitieron que ni yo ni mis hermanos regresáramos. A todo esto el rumor había llegado a oídos de mi abuela, y su reacción no se hizo esperar. Una vez corroboradas las acciones de mi tío, sin pensarlo dos veces, mi abuelo lo reprendió fuertemente, incluso tengo entendido que tuvo que recurrir a la Biblia mostrándole del peligro que conllevaba esa práctica. Pero desagradablemente todo fue inútil.

Por aquellos años mi abuelo era un hombre muy prospero, era dueño de varias propiedades y recientemente había comprado una hermosa casa, no recuerdo la dirección, pero recuerdo que era en una privada, cerca de la clínica numero 1. La casa era grande, tenia un portón negro en la entrada, seguido por un inmenso patio, en el cual había un frondoso árbol de aguacate que estaba pegado a la pared de la casa de la vecina.

Según nos parecía, mi abuelo, se veía un poco mas tranquilo después de haber hablado con mi tío. Tenía la esperanza de que el hubiera recapacitado y por lo tanto, suspendido esa peligrosa practica, pero no fue así, desgraciadamente todo lo que le había dicho le había entrado por un oído y le había salido por el otro. Mi tío estaba obsesionado con ese juego y optó por seguir jugando, solo que a escondidas, y para hacerlo escogió precisamente aquella nueva propiedad de mi abuelo. En esa casa podría hacerlo a sus anchas ya que quedaba bastante retirada de donde vivíamos. El se las ingeniaba y se daba sus vueltas para continuar con el juego.

Así transcurrió un pequeño periodo de tiempo, un día sentados todos o casi todos en la mesa se toco el tema de la mudanza que pensaban hacer mis tíos Rosario y Armando. Y tomaron la decisión de mudarse precisamente donde mi tío Fernando hacia practicas con aquella tabla. Cuando le comentaron eso a mi abuelito delante de todos, mi tío puso una cara de asombro y coraje que no poda disimular. Inmediatamente se levantó de la mesa sin terminar de comer, se despidió y se retiró a su habitación.

Nadie sospechaba del porqué de esa reacción de mi tío, pensamos que a lo mejor la razón era que se sentía mal, pero nadie se imaginaba lo que mi tío hacía a escondidas de toda la familia. Su reacción era lógica, puesto que ya no tendría un lugar seguro para continuar con sus extraños juegos.

En fin, se llego el día en que mis tíos se mudaron, todo parecía que la vida de pareja se mejoraba, o al menos eso aparentaban. Pero al cabo de un tiempo la riñas y los golpes regresaron al seno de esa familia, y desgraciadamente parecía que eran mas fuertes, siendo testigos de estos hechos sus hijos, y al parecer había alguien mas que era testigo.

En la vecindad (la casa que estaba al lado del árbol de aguacate) vivía una mujer, que aprovechaba que su casa era de dos pisos y desde un balcón del segundo piso, le gustaba vigilar todos sus movimientos, entradas, salidas, horas de levantarse y de acostarse, en fin, les tenía clavada la mirada a toda la familia.

Así transcurrieron unas semanas hasta que esa mujer se decidió a tener un acercamiento con mi tío, y el motivo era que ella estaba muy interesada en quedarse con aquella propiedad, y así comenzó lo que llamaba mi tío, un acoso. Hacía preguntas de distinta índole de aquella casa cada vez que tenia oportunidad de hacerlo, era insistente con el mismo tema. Hasta que llegó el momento de asegurarle a mi tío de forma amenazante que se iba a quedar con la casa a cualquier precio, cosa que le comenzó a preocupar.

Yo si me percaté de algo raro en esa mujer, puesto que las veces que fui a visitarlos casi siempre estaba vigilando en el balcón, en varias ocasiones se percató que yo la estaba mirando, y jamás hizo algo para evadirme, por el contrario, su mirada era mas fuerte.

Como sabrán los árboles de aguacate cuando dan su fruto atrae a muchos pájaros, de manera que se convierte en una molestia, el ruido, la basura, y la suciedad que dejan, y eso precisamente pasaba en la casa de mi tío, por lo tanto opto por ahuyentarlos con un rifle, cosa que no sirvió de nada, no tuvo mas remedio que dispararles directamente, y mató algunos dejándolos a la sombra del árbol. Entró a la casa, siguió trabajando y por alguna razón se olvidó de ellos. Ese día estaba componiendo un radio de CV, ya que se dedicaba a esto después de su turno en la fabrica Moctezuma. Se percató que necesitaba comprar algunas piezas y se puso a buscar las llaves y no las encontró, caminó hacia afuera, empezó a cruzar el patio mirando hacia abajo y de repente, en frente de él estaban todos los pájaros que había matado alineados a la entrada de la casa, y junto a ellos estaba aquella mujer, y exclamó: "buscabas esto!" y en las manos tenía las llaves de mi tío.

El quedó en estado de shock y sin poder decir nada, observó a la mujer que a su vez lo miraba con una mirada de burla y una risa que le causó un escalofrío. La mujer le puso la llaves en las manos y se retiró lentamente a su casa. Mi tío se quedó por un momento viendo a los pájaros sin entender qué estaba pasando. Miró hacia arriba y allí estaba en el balcón observándolo esa mujer con una sonrisa, como si disfrutara y adivinara el pánico e incertidumbre que le había causado a mi tío.

Desde ese día, mi tío ya no pudo estar tranquilo otra vez, sabía perfectamente que todos sus pasos y movimientos estaban siendo vigilados mañana, tarde y noche. Se termino por completo la poca tranquilidad que había en su casa.

Estaban muy cerca las fiestas navideñas, todos empezamos los preparativos festivos. En casa de los abuelos reinaba el espíritu navideño y contagiaban a todo el mundo; excepto a mi tío Armando y mi tía Rosario, quienes acababan de tener otra fuerte discusión llegando a los golpes, las cosas entre ellos no parecían tener remedio.

Pues bien, las fechas de diciembre acabaron con un ambiente tanto intenso, pero terminaron. Ya solo faltaron los reyes magos, el día que los niños reciben un regalo el 6 de enero. Quien iba a imaginar que precisamente ese regalo de reyes para mi primo, sería lo que desencadenó una extraña fuerza, una furia que dejó marcada a la familia de por vida, algo que hasta hoy nadie alcanzamos a descifrar. Fue algo tan espeluznante que nadie entendió del porqué tanta ira, con tanta fuerza, con tanto poder, se pudiera hacer presente causando tanto daño a un ser inocente como mi primo.

Llegó el 6 de enero y mis primos corrieron a abrir sus regalos. Muñecas y juegos de té para mi prima, pelotas, autopistas y carros para mi primo; pero había otro regalo, uno especial, y era para mi primo. En aquellos años estaban de moda muchos muñecos de plástico, recuerdo que todos queríamos unos de esos que eran de colección. Y si no mal recuerdo, unos de esos muñecos eran los 4 fantásticos y su enemigo, esos que aparecían en caricaturas y revistas. Recuerdo perfectamente el aspecto el aquel muñeco de color verde, al cual se le estiraban todas las partes de cuerpo, llegando a medir poco mas de un metro, tenía un aspecto grotesco que daba miedo solo de tenerlo cerca.

Pues precisamente ese muñeco era el otro regalo que había recibido mi primo, el cual al verlo corrió y lo abrazó, y desde ese momento se convirtió en su juguete preferido.

No pasaron muchos días después de ese 6 de enero, cuando otra vez la violencia regresó a casa de mis tíos, pero esta vez fue diferente, la paliza que se propinaron fue de lo mas salvaje que se puedan imaginar, al grado que mi tía tomó un crucifijo y se lo lanzó a mi tío, reventándole la cabeza y salpicando con sangre cosas que estaban alrededor de ellos, como muebles y paredes, en fin, la escena era espantosa, y como siempre teniendo como testigos a mis primos, los cuales lloraban desconsolados y aterrados a la vez. Y miraban como que sus padres se quisieran matar el uno al otro sin importarles nada en lo absoluto, ni matrimonio, ni familia, ni religión, y lo peor de todo, ni sus hijos.

Quien iba a imaginar lo que se venía encima. Llegó la noche, el pleito terminó y cada quien se retiró a su habitación, todos excepto mi tío, quien se dispuso a seguir trabajando en los radios. Cuando todo estaba en aparente calma, se empezaron a escuchar ladridos de perro y conforme iba transcurriendo la noche se hacían cada vez mas incesantes y lastimeros. Las pocas luces que estaban encendidas comenzaron a querer apagarse, como si el voltaje se quisiera terminar, pero mi tío hizo caso omiso y continuó trabajando.

Mientras tanto, en su recamara mi primo había colocado en un juguetero los nuevos regalos que habían recibido, y en un rincón del mismo estaba aquel monstruoso muñeco en su casa de nieve seca.

Al día siguiente, todos se levantaron como de costumbre, cada quien hizo lo que tenía que hacer y recuerdo que mi primo me contó que el empezó a jugar con su muñeco; jugaba a que aquel horripilante muñeco se moría, le hacia una especie de sepulcro y lo enterraba. Una vez enterrado, inocentemente se puso a rezarle. Así pasó el día y volvió a caer la noche, mi tío como de costumbre trabajando hasta altas horas de la noche. De nueva cuenta los problemas con la electricidad comenzaron y la señal de los radios en los que estaba trabajando se interrumpía. Cuando mi tío decidió irse a dormir, pasando por la recamara de mi primo, escuchó un rechinido que se hacía cada vez mas fuerte. Al abrir la puerta, se dio cuenta de que el rechinido provenía de la caja donde mi primo había guardado su muñeco. Al mismo tiempo escuchó un tremendo golpe que provenía de su recamara, el ruido fue tan fuerte que parecía como si alguien o algo hubiera caído desde arriba, al escuchar eso, se apresuró hacia su recamara, pero al mismo tiempo el grito de mi primo se escucho por toda la casa, gritándole a su padres, era un grito aterrador, mi tío se regresó y una vez adentro, mi primo se arrojó a sus brazos y le señalaba un rincón de la recamara, diciéndole que ahí estaba, que él lo llamaba y que se burlaba de él, mi tío por mas que buscaba no alcanzaba a ver nada, le preguntaba a su hijo que cosa era lo que veía, y mi primo cada vez mas aterrado le gritaba que era un apache, que estaba hincado y riéndose. En ese momento mi tío giro la cabeza hacia el juguetero y lo que observó fue escalofriante, según cuenta, fue el momento mas horrible que ha vivido, la escena era digna de una película de horror, se quedo paralizado sudando de nervios y terror a la vez.

Aquel horripilante muñeco estaba totalmente estirado de brazos, cuello y piernas, mi tío lo miró por un instante sin poder dar crédito a aquello, de pronto el muñeco comenzó a regresar a su estado normal, haciendo que la caja donde estaba rechinara de una manera espeluznante. Mi tío sin soltar a su hijo y tratando de calmarlo, tomó la sabana de la cama y se la arrojó encima al muñeco, saliendo apresuradamente de ese cuarto y corrió al de mi tía, encontrando otra escena no menos aterradora, ella estaba inmóvil y sin habla, con la mirada perdida, solo movía sus brazos como tratando de encontrar algo o a alguien. Mi tío trato de hacerla reaccionar sacudiéndola fuertemente y encomendándose a Dios nuestro Señor, y al cabo de unos minutos, mi tía reaccionó, y exclamó "la niña! vámonos de aquí". A todo esto la recamara estaba helada, se llenó de un extraño frío que se sentía hasta los huesos, rápidamente mi tía tomó a la niña y salieron de esa recamara, pero cuando se dirigían hacia la puerta del patio, la energía se fue en su totalidad, se quedaron paralizados, en realidad no sabían que hacer ni para donde correr, como pudo, mi tío llegó hasta la puerta, pero por mas que trataba no pudo abrir la puerta, aunque sabía que solo se trataba de jalar un simple pasador, quizá fue el exceso de nervios, el frío de la casa, o la total obscuridad.

Entonces hicieron lo mejor que pudieron haber hecho, empezaron a rezar, a encomendarse a Dios, pidiéndole que los ayudara a salir de esa terrible situación. Rezaron y rezaron y de repente la energía regresó, se encendieron los radios y los focos de la casa, solo los de adentro, porque el foco del patio seguía apagado, observaron por la ventana y allá afuera solo se veía una densa niebla que cubría todo el exterior de la casa, no se atrevían a salir. Mi tío caminó hacia su mesa de trabajo y llamó solicitando un taxi por la radio, y de inmediato atendieron su llamada, el taxi llego al cabo de 10 minutos, estacionándose afuera, el taxista siguió comunicándose con mi tío por medio del radio, le preguntaba que era lo que estaba pasando, puesto que el aullido de los perros eran muy intensos, también le preguntó donde estaban, pues el esperaba que ya estuvieran afuera para abordar el taxi y salir de inmediato, ya que se le había comunicado que se trataba de una emergencia, entonces mi tío le pidió que por favor buscara la manera de alumbrar el patio con las luces del taxi, ya que la obscuridad y la niebla no permitía ver absolutamente nada. Y así lo hizo, una vez acomodado el carro, dirigió las luces hacia el patio y abandonaron aquella casa, asegurándose que cerraban la puerta con candado. Cruzaron el patio lo mas rápido que pudieron, nadie se explica del porqué unos gruñidos de algún animal los acompañó hasta que subieron el taxi, al igual que los ladridos de un perro que provenían de la casa de aquella mujer, lo extraño es que en aquella casa no había perro. Una vez en el taxi, mi tío dirigió la mirada hacia aquella casa y cuando miró hacia arriba, estaba aquella mujer, quien se reía.

Comenzaron a abandonar la privada lentamente, pero al mismo tiempo que el taxi avanzaba, comenzaron a perseguirlos los perros; perros que aparecieron de quien sabe donde, siguiéndolos por un largo tramo, ladrando y como queriendo atacar el carro, hasta que al fin llegaron a mi casa.

En mi casa, como de costumbre, nos quedamos en la mesa después de cenar hasta altas horas de la noche, eran alrededor de 2 o 3 de la mañana cuando mis padres se fueron a dormir, yo me levanté al baño e inmediatamente me fui hacia mi recamara. Me estaba quedando dormido cuando empecé a escuchar que los perros comenzaron a ladrar, y se oía como que querían atacar a alguien, en ese momento también escuché que un auto se estaba estacionando cerca de mi casa, y oí a alguien gritar "buenas noches!". Brinqué de mi litera, corrí hacia la puerta y me asomé a la ventana para ver quien era. Eran mis tíos los que habían llegado en ese taxi, solo que no podían bajarse porque no se lo permitían los perros. Abrí la puerta y como pude ahuyenté los perros para que ellos pudieran bajarse del taxi. Inmediatamente el taxista se marchó, no espero a que se le pagara, ni siquiera para que le dieran las gracias.

Una vez adentro, recuerdo perfectamente el rostro de todos, mi tío cargando a mi primo, mi tía cargando a mi prima, quien traía en sus manos un crucifijo de plástico, se veían asustados. Inmediatamente se levantaron mis padres al oír aquel alboroto, ya que mis primos no paraban de llorar, mi madre al verlos, algo percibió y se los llevó a la cocina donde les preparó un té, al cabo de unos minutos, y un poco mas tranquilos, nos retiramos con mi primo hacia mi recamara, cuando entramos, ya mis hermanos se habían levantado también, y al vernos tiraron unos colchones al piso para que nos acomodáramos todos juntos, mientras mis tíos y mis padres se quedaron platicando en la cocina.

Al día siguiente teníamos que levantarnos para ir a la escuela, y así lo hicimos, pero a la hora de hacerlo me percaté de que mi primo, quien había dormido a la par mía, se movía muy inquietamente mientras dormía. Busqué a mi madre para consultárselo, pues no quería inquietar a mis tíos, pero vaya sorpresa la que me llevé al ver que mis papas y mis tíos no habían dormido, seguían platicando. Entonces no me quedó mas remedio que comentarles lo que le estaba pasando a su hijo, inmediatamente fueron a auxiliarlo, y al mismo tiempo mis padres nos ordenaron que nos quedáramos en la cama pues nadie iba ir a la escuela, consideraron que nadie estaba en condiciones de salir y era mejor quedarse en casa bajo la protección de toda la familia.

Ya que todos nos habíamos levantado, fuimos a la casa de los abuelitos, quienes al vernos llegar a todos juntos y a esa hora de la mañana, se sorprendieron. Los adultos se sentaron a comer en la cocina, y mi tío Fernando, mis hermanos, mis primos y yo, lo hicimos en el comedor. Mientras desayunábamos, mi primos nos relataba lo que había sucedido y tratábamos de comprenderlo y calmarlo, ya que estaba muy alterado. Para distraerlo pensamos que era mejor irnos a jugar y así pasar el día sin pensar en lo sucedido.

A la mañana siguiente, vi llegar la camioneta de mi abuelo con algunas de las pertenencias de mis tíos y algunos de los trabajadores, quienes colaboraron con el flete, las bajaron y las acomodaron en uno de los cuartos donde se iban a quedar a vivir momentáneamente. Así pasaron varios días.

Era un fin de semana cuando mi abuelo decidió regresar a aquella casa y sacar el resto de las pertenencias de mis tíos, yo, irresponsablemente insistí en ir con ellos y me subí en la parte de atrás de la camioneta. Cuando llegamos, el primer recibimiento que tuvimos fue la mirada de aquella mujer, quien, al percatarse que la estábamos observando cerró lentamente las cortinas. Como estaba al tanto de lo ocurrido, lo primero que hice al bajar fue buscar aquellos pájaros que había matado mi tío, no se lo que pasó con ellos pero ya no estaban, imaginé que se habían desaparecido de algún modo, pues ya habían pasado varios días.

Íbamos todos caminando por el patio cuando mi abuelo exclamó: "no se acerquen!" "que cosa es esto Dios mío?" y todos nos quedamos helados al ver aquello. Era el horripilante muñeco que estaba tirado bajo aquel árbol de aguacate, completamente estirado y rodeado de ratas que lo mordían por todos lados, la escena era horrible, no dábamos crédito a lo que veíamos ni entendíamos lo que había ocurrido. Ya decididos a entrar a la casa para continuar con el flete, otro detalle hizo que nos detuviéramos.

Según nos dijeron, cuando salieron de la casa por ultima vez, habían asegurado la puerta con un candado, el candado estaba allí, solo que de un modo muy extraño, estaba retorcido, como que alguien lo quiso abrir con una herramienta, y el pasador también. Logramos abrir la puerta y las sorpresas continuaban, recuerdo perfectamente un zumbido que se escuchaba por toda la casa, era como de un enjambre de abejas que se hubieran alborotado por nuestra presencia, y sí, efectivamente era un enjambre pero no de abejas, si no de moscas, unas moscas de tamaño anormal y de distintos colores, pero lo mas intrigante de todo era de porqué habían tantas, y precisamente adentro de la casa, al entrar un poco mas, descubrimos el motivo de los insectos. Era una montaña de excremento negro y de un inmenso tamaño como si el animal que lo depositó allí hubiese defecado varias veces en ese mismo lugar.

Nos quedamos todos estupefactos al mirar aquello y mi abuelito ordenó que empezáramos a sacar lo mas que pudiéramos, en esas estábamos cuando de repente se escucharon unos tremendo golpes en la ventana y también la disminución de energía en los focos, rápidamente sacamos lo que pudimos. Mi abuelo, quien fue el ultimo en salir, levantó el muñeco y lo envolvió con unos trapos con la intención de tirarlo en algún lugar. Cerramos el portón principal, abordamos la camioneta, y cuando nos alejábamos, ahí estaba en la ventana de nueva cuenta aquella mujer, con la misma sonrisa de siempre como si estuviera disfrutando de aquel momento. Mi abuelo se desvió de su rumbo y cuando me di cuenta, estábamos llegando al panteón, nos internamos lo más que pudimos y observamos que nadie nos miraba, arrojamos el bulto y enseguida nos alejamos de aquel lugar y nos fuimos a la casa de mi abuelo, y no paramos hasta llegar. Una vez a salvo, todos los que nos encontramos con esas escenas de asco y miedo, dignas de una película de horror, no sabíamos que hacer ni que decir, estábamos perplejos, anonadados, y así cada quién tomo su rumbo.

Transcurrieron algunos días, mis tíos ya se habían terminado de instalar y todos nos sentíamos un poco mas tranquilos sintiendo la unidad familiar y lejos de aquella casa. Pero desgraciadamente esa aparente paz iba a terminar ya que siguieron pasando cosas inexplicables, hubo noches en que todos estábamos durmiendo y con las puertas bien aseguradas y aparecían gatos, justo en la recamara de mis tíos, empezaban a gruñir y a pelearse ferozmente. Mis primos, asustados, se brincaban a la cama de mis tíos. Al mismo tiempo en la puerta de la entrada se amontonaban los perros de la colonia, ladrando y aullando, haciendo así aun mas grande el pánico.

Así como entraban y armaban ese alboroto los animales, así también desaparecían, como? Es algo que hasta ahora no logramos explicarnos.

Pasaron así unas noches y de un momento a otro se terminó, los ánimos se calmaron. Se mudaron a otra de las casas de mis abuelos y todo parecía haber vuelto a la normalidad, pero no era así, los pleitos entre mis tíos nunca terminaron, si no al contrario, cada vez eran peores, hasta que pasó lo que tenia que pasar, cada quien tomó su rumbo con el inevitable divorcio.

Para este tiempo, yo ya había terminado la secundaria y estaba siguiendo un curso de maquinaria y herramienta, esto incluía el manejo del torno, cepillo, y fresadora. Cuando estaba a punto de terminar el curso, un hombre llegó a la escuela para invitarnos a trabajar en su empresa, la cual estaba ubicada en el puerto de Veracruz. Al terminar el curso acepé la invitación y me fui, junto con otros compañeros, dispuestos a trabajar y abrirnos camino con nuestro propio esfuerzo. Me despedí de mi toda mi familia, excepto de mi padre, quien ya trabajaba en el puerto para la Coca-Cola.

Me pagaban muy bien, era un buen salario, aparte recibíamos dinero extra para hospedaje y comida, por lo tanto me podía dar el lujo de ir todos los fines de semana a Orizaba. Al llegar el día del pago compraba mi boleto, tomaba el autobús y derechito a mi casa.

A mis hermanos y a mi siempre nos gustó tener mascotas, en especial perros en la azotea de la casa, y por una u otra razón, siempre los regalábamos. Para ese tiempo teníamos dos perros de gran tamaño, los cuales nos acompañaban los domingos por las mañanas a nuestras caminatas, ya fuera en la alameda, el cerro, o en una cantera que estaba abandonada.

Por todo lo que había ocurrido, opté por comprar algunas armas un tanto inofensivas, un rifle de postas, otro de municiones y otro de salva, para sentirme un tanto seguro.

Una noche, en la cual mi padre y yo coincidimos en llegar a Orizaba, mi madre nos invitó a ir a una fiesta, a la cual yo no los quise acompañar, preferí quedarme en casa junto con mi hermano Ángelo, quien era el único que estaba ese día. Acordamos en preparar todo para nuestra usual caminata, mis padres se arreglaron y se fueron a la fiesta. Cuando terminamos de limpiar las armas, mi hermano se retiró a su recamara y yo me quedé en el sillón que estaba enfrente del televisor, tenia los rifles en mis piernas y los perros estaban acostados a mis pies durmiendo tranquilamente.

Yo tenía la costumbre de cada sábado, a las 11 de la noche, ver una novela que había tenido mucho éxito que se llamaba

Los Ricos También Lloran, y ese día no sería la excepción. Tenía el televisor apagado mientras esperaba que diera comienzo la novela, cuando de repente noté en la pantalla el reflejo de algo, se empezaron a mover las cortinas de la ventana que daba hacia la calle, no hice mucho caso y seguí limpiando el rifle, de repente las cortinas empezaron a abrirse lentamente, una para cada lado pero a la misma vez.

Lo primero que pensé era que me estaba haciendo una broma alguno de mis cuates que se había enterado que yo estaba en Orizaba y quería sorprenderme con eso. Pero mientras las cortinas se seguían abriendo, me di cuenta de que era imposible porque las cortinas estaban por dentro y los vidrios de la ventana cerrados, y no veía ni una mano, empecé a ponerme nervioso sin quitar la vista del televisor, y al cabo de algunos segundos apareció también una figura muy extraña, no tenia forma alguna, ni rostro, ni cuello, ni manos, solo recuerdo que era como de color gris y blanco, aunque era imposible determinar el color ya que lo estaba viendo en la pantalla del televisor. De repente, uno de los perros se enderezó y empezó a gruñir con todo el pelo erizado, se levantó el otro perro y observaba hacia la ventana fijamente, y yo, por mi parte, comencé a levantar el rifle, que ya estaba cargado, y apunté a aquella fantasmal figura, cuando de pronto escuché un horrible ruido que provenía de la ventana, fue extremadamente fuerte y rápido. De golpe, se cerraron las cortinas, inmediatamente disparé y los perros se abalanzaron ferozmente hacia la ventana, pero la figura ya había desaparecido. Corrí hacia la puerta, la abrí lleno de valor e incertidumbre a la vez, salí, y cuando estaba en medio de la calle, volteé para todos lados pero no había nada ni nadie, era imposible que si había sido alguien, no lo alcanzara a ver, no le di tiempo para nada. Yo estaba confundido, y mientras buscaba alguna respuesta a lo ocurrido, mi hermano Ángelo me alcanzó y me preguntó que está pasando, estaba por contarle lo ocurrido, cuando, por toda la colonia se empezaron a oir los aullidos de los perros.

El momento era aterrador, mi hermano se percató y se limitó a conducirme al interior de la casa, y una vez adentro le relaté todo lo ocurrido, el me escuchó detenidamente y al igual que yo estaba lleno de asombro. Cuando terminamos de platicar, y antes de irnos a dormir, me aconsejó que le platicara todo eso a mi abuelo.

Al día siguiente nos levantamos muy temprano y salimos a caminar al cerro. Por su puesto inevitable no tocar el tema de lo sucedido la noche anterior, recuerdo que decidimos no comentarle nada a nadie porque no sabíamos como iban a reaccionar, el único que podía saberlo era el abuelo.

Llegada la noche me quedé esperando el preciso momento para hablar con mi abuelo, el cual tenía la bonita costumbre de subir a la azotea para reposar lo que había cenado, en cuanto vi que se dirigía hacia la escalera, me fui tras él y una vez los dos solos, recargados en la baranda, empecé a contarle lo ocurrido. Mi abuelito me escuchaba atentamente, su rostro era de asombro, pero nunca de miedo, se mantuvo firme siempre, y al terminar de relatarle todo, con gran sabiduría y con un sentimiento con cierto grado de tristeza, me pasó su mano izquierda por la cabeza y luego por el hombro y me dijo: "No te preocupes Luis Miguel sea lo que sea se fue enojado porque no le tuviste miedo y no pudo entrar".

Esa noche estaba corriendo una brisa hasta cierto punto fuerte, golpeaba los árboles de la casa de enfrente causando un pequeño silbido, estábamos callados los dos y mi abuelo volteó su cara hacia los árboles y me dijo: "Mira Luis Miguel, es como si el viento tuviera miedo".

Fin

Made in the USA
Las Vegas, NV
12 March 2022

45464492R10016